Craft Makers

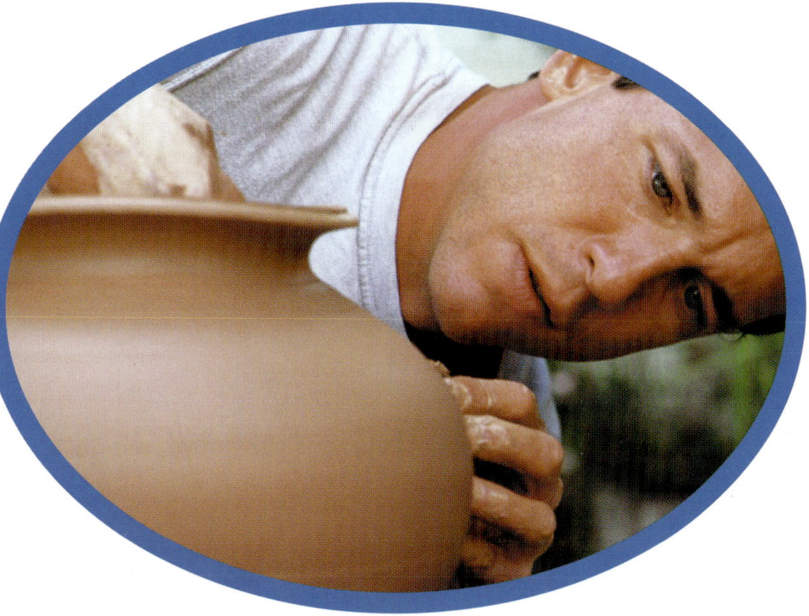

by Janine Scott

I make toys.

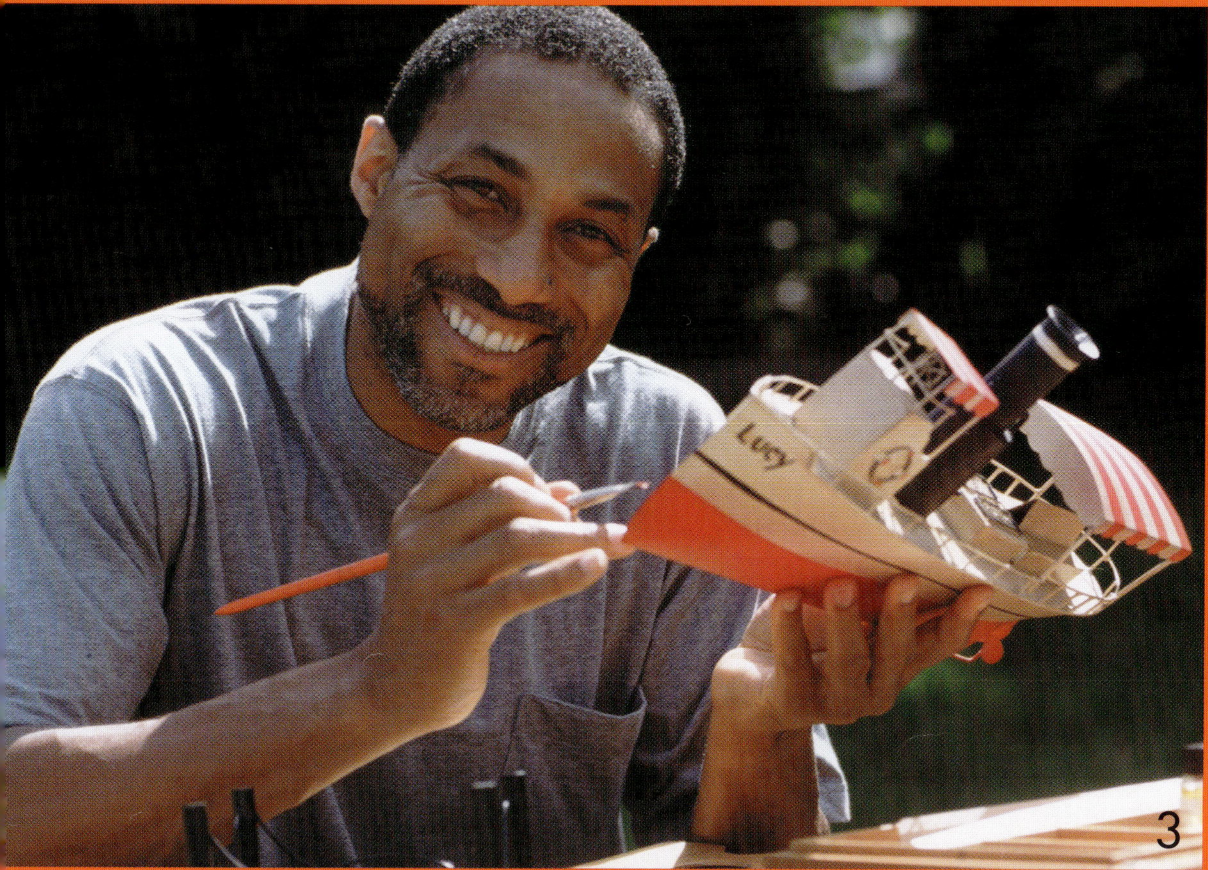
Lucy

I make rings.

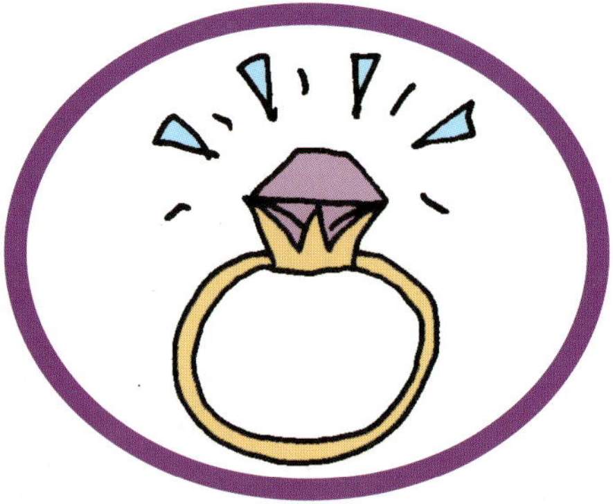

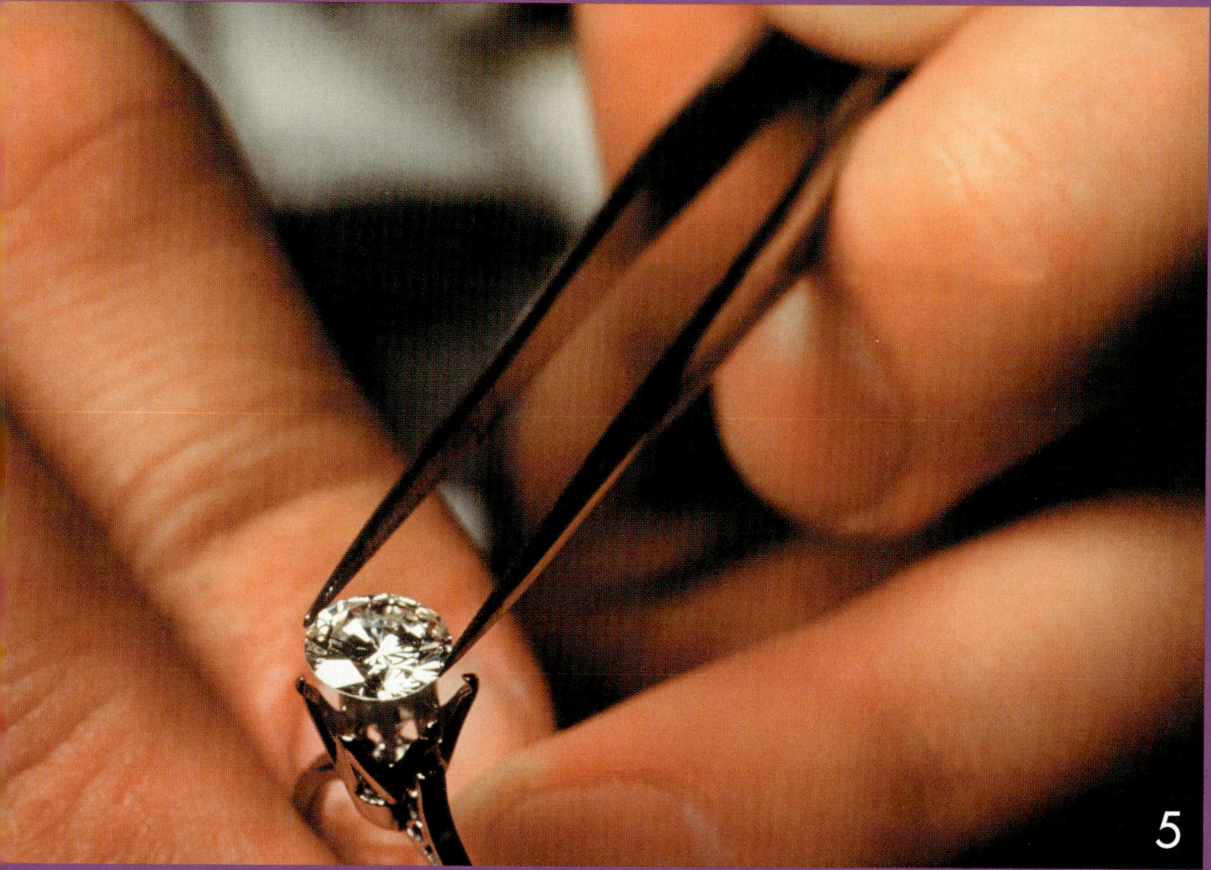

I make rugs.

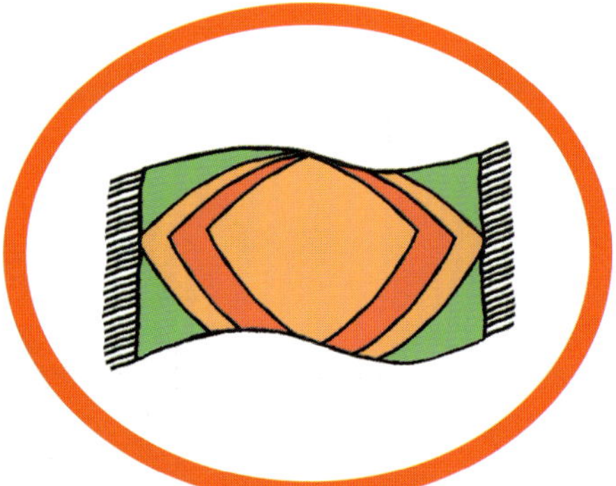

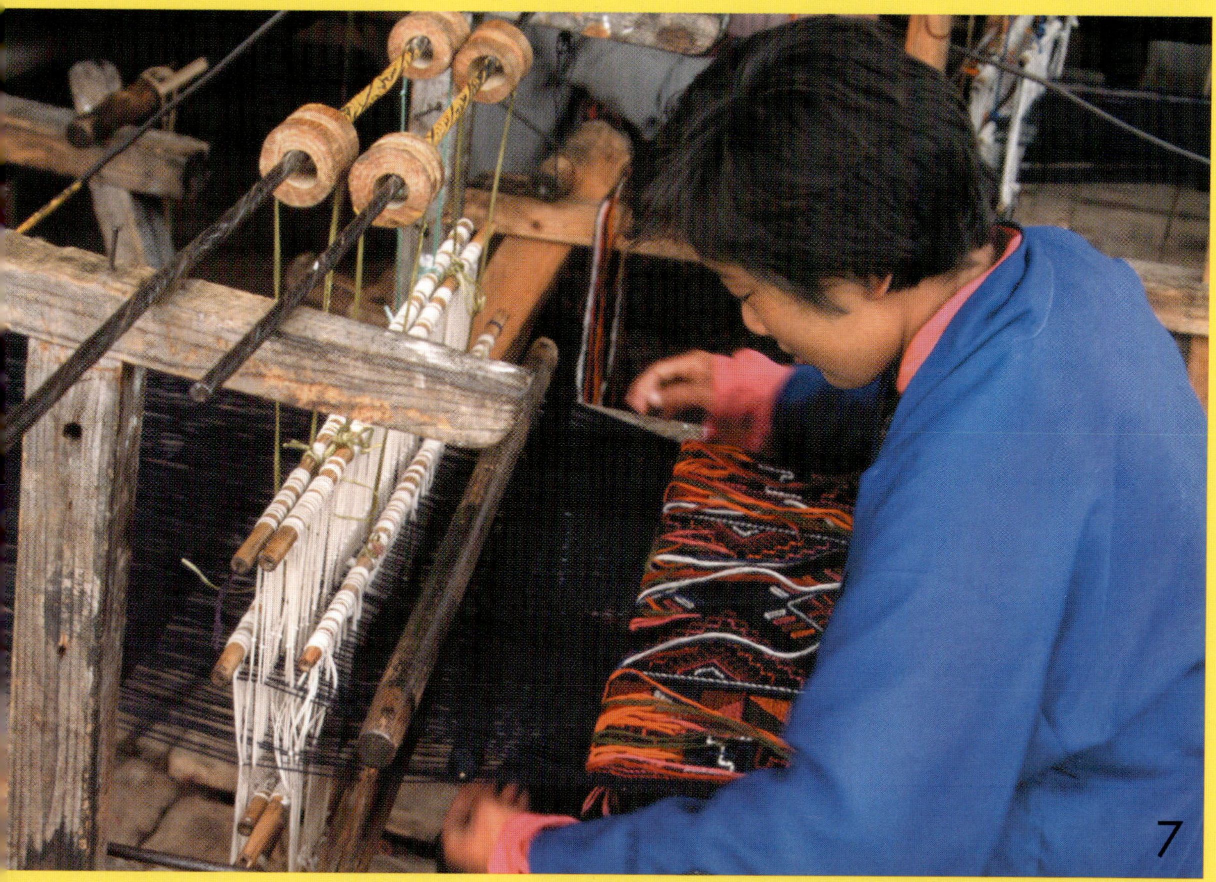

I make pots.

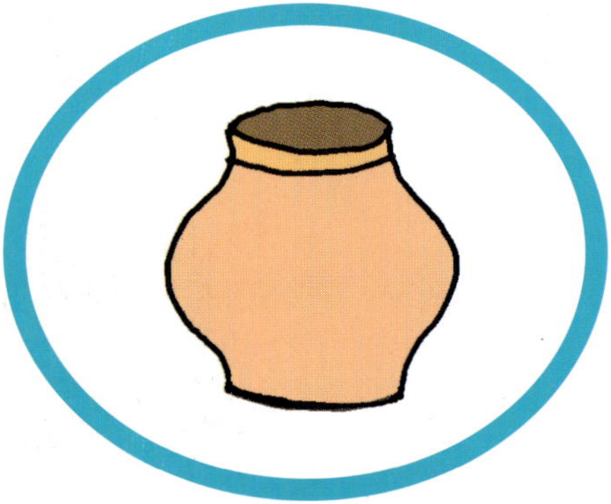

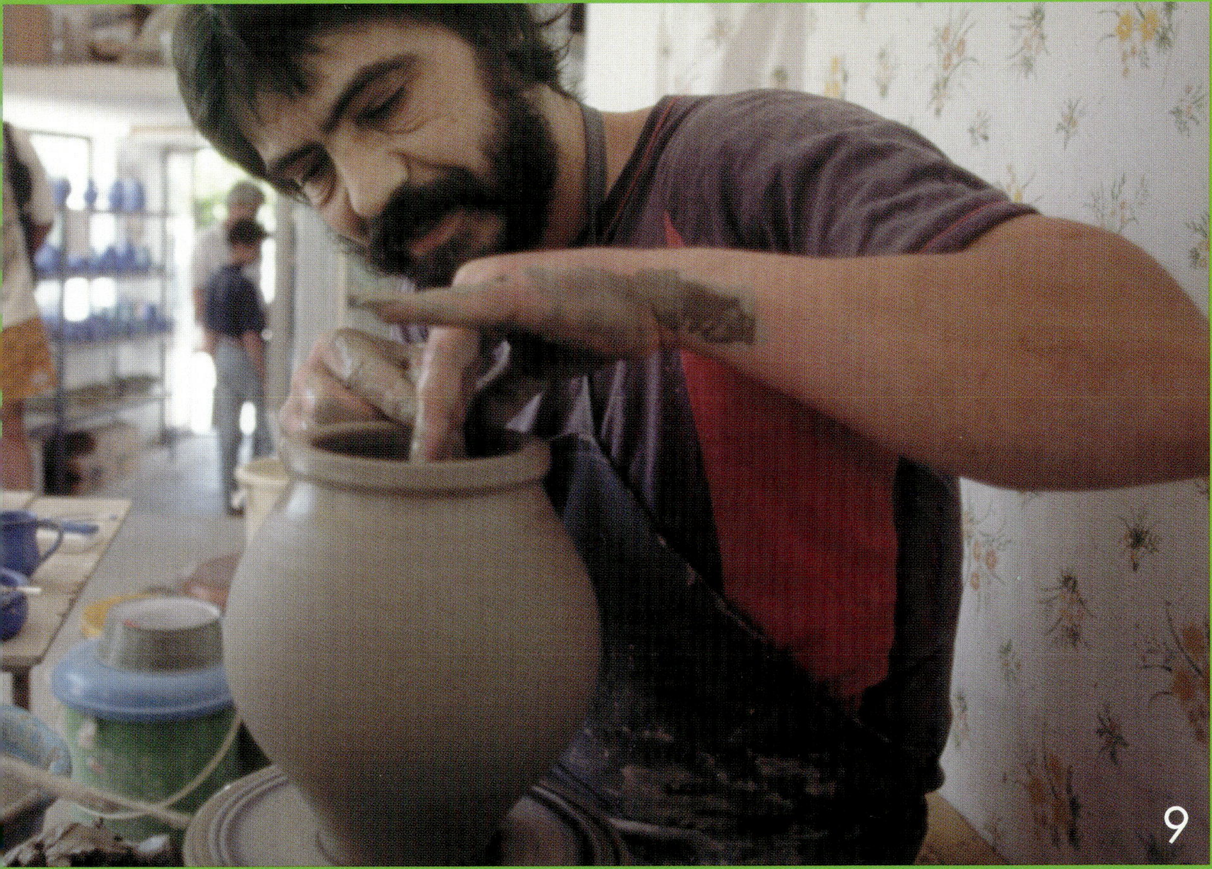

I make dolls.

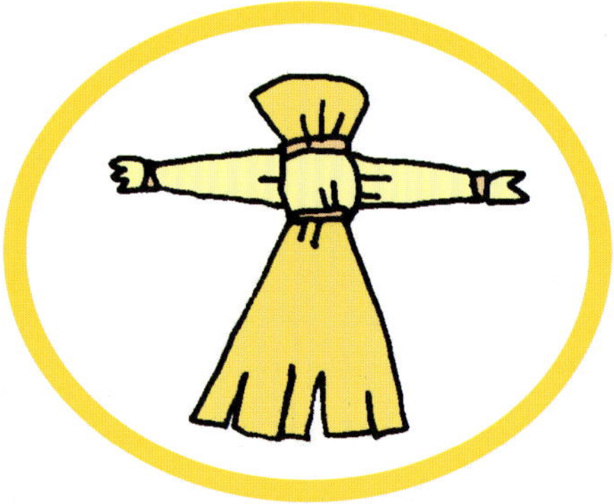

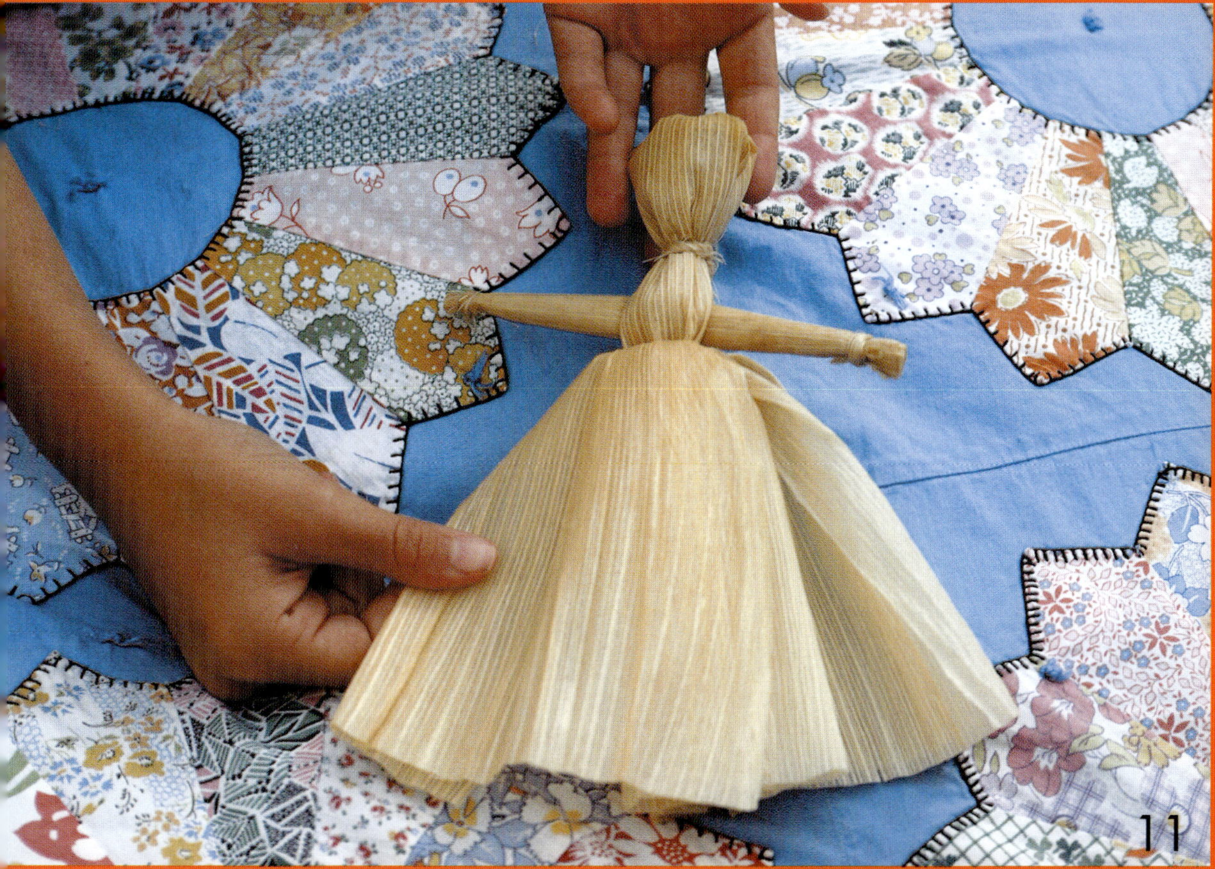

I make baskets.

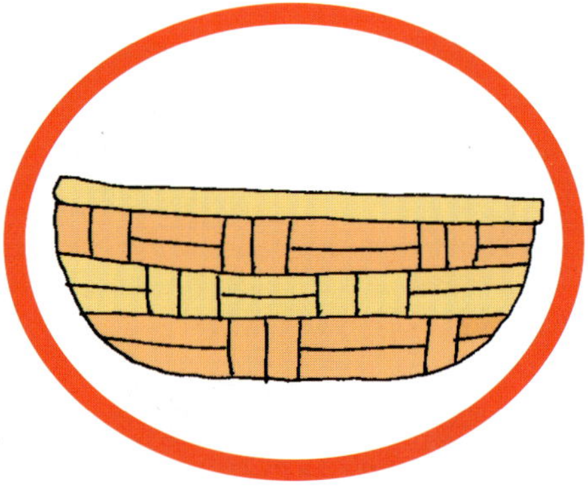

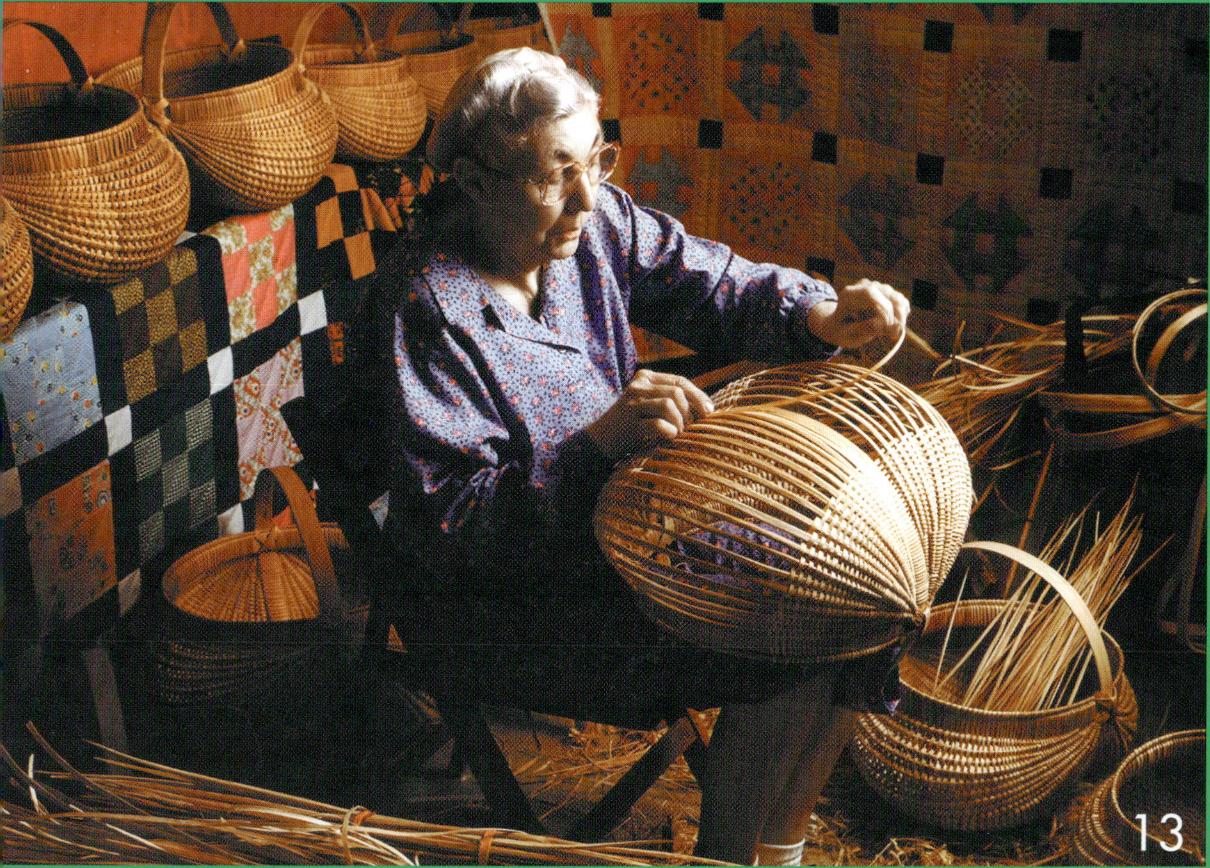

I make masks.

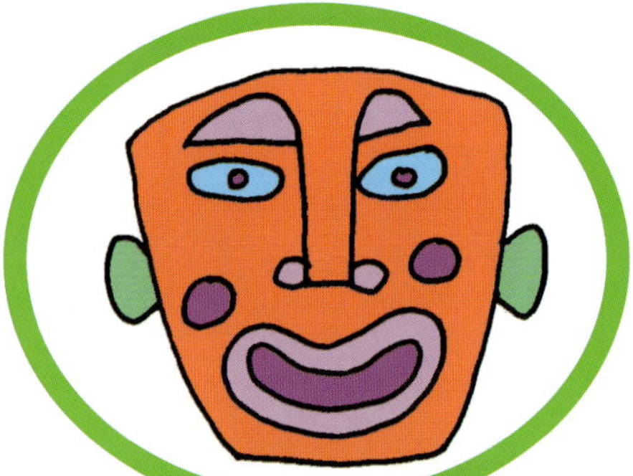

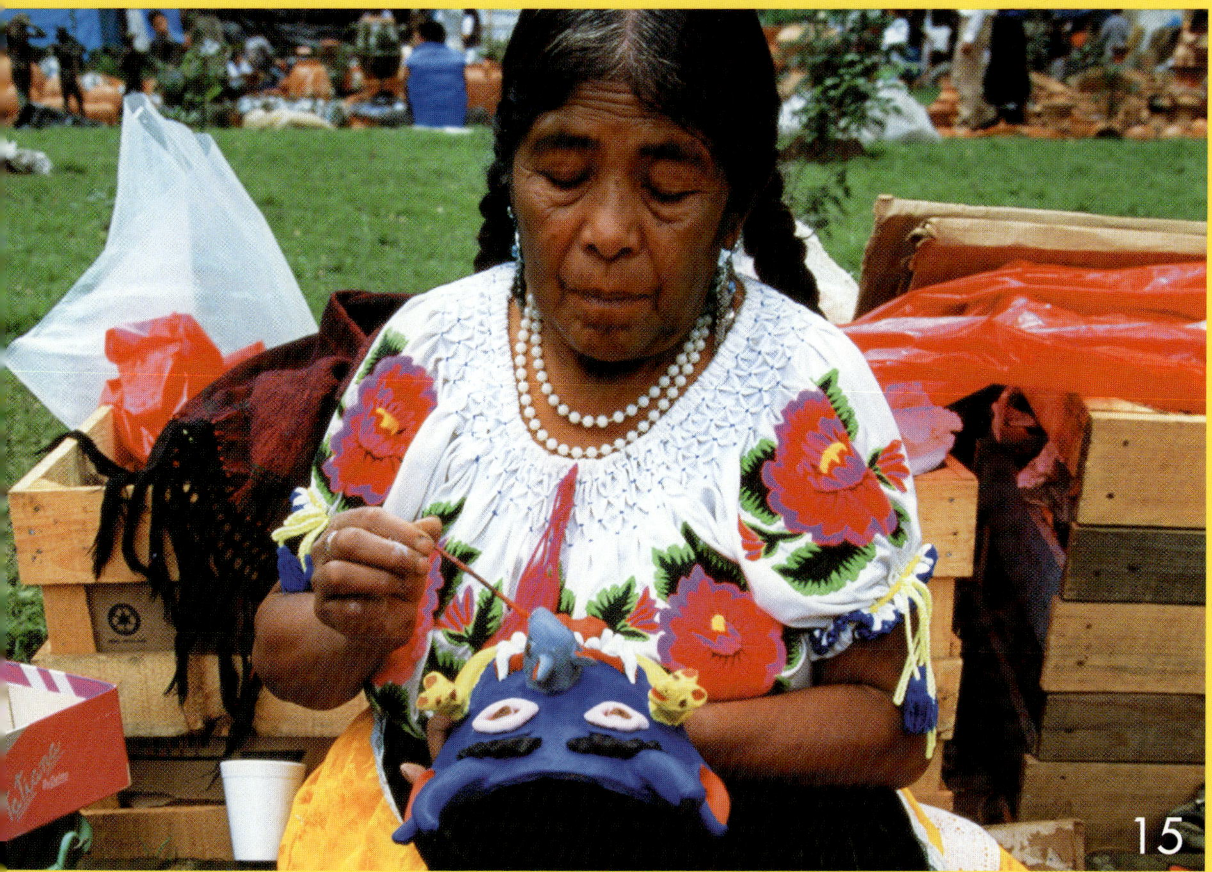

I make puppets.

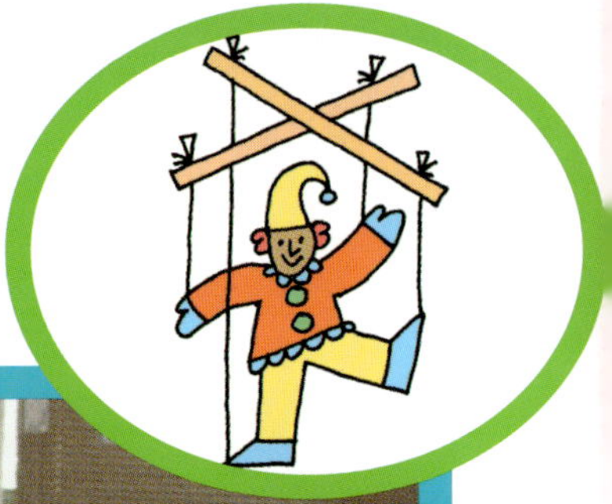

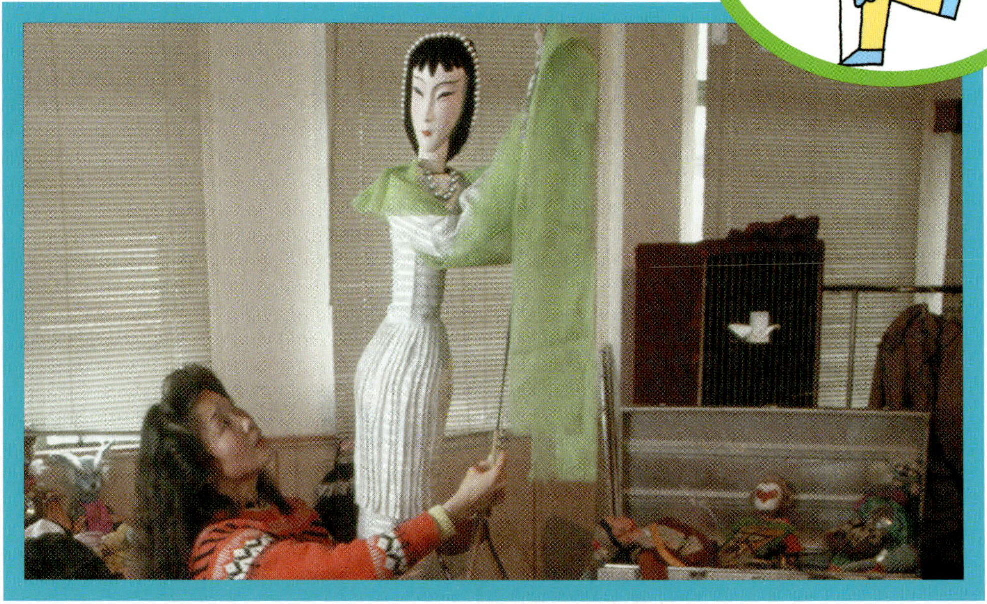